Pferd

Horoskop

2024

Angeline A. Rubi y Alina A. Rubi

Einleitung...5

General Predictions for the Year of the Allgemeine Vorhersagen für das Jahr des Drachen 11

Ursprung des chinesischen Horoskops...15

Chinesisches Element des Jahres 2024, Holz................................19

Die Bedeutung der Elemente im chinesischen Horoskop 26

Element Metall 26

Element Erde..31

Element Feuer 36

Element Holz 41

Element Wasser..46

Kompatibilität und Inkompatibilität 51

Metallpferd 60

Wasserpferd 62

Feuerpferd 66

Erde Pferd 68

Vorhersagen 2024...70

Kombination der Tierkreiszeichen mit dem chinesischen Horoskop............74

Widder / Pferd..76

Zwillinge /Pferd...77

Krebs/Pferd 78

Löwe/Pferd 78

Jungfrau/Pferd 79

Waage/Pferd 80

Skorpion/Pferd 80

Steinbock/Pferd 81

Wassermann/Pferd 82

Fische/Pferd 83

Dekorieren Sie Ihr Zuhause nach Feng-Shui 84

Theorie der fünf Elemente 85

Feng-Shui für die zwölf Zeichen des chinesischen Horoskops 86

Feng Shui 2024 91

Tipps für das Jahr 2024 96

Rituale zum Beginn des chinesischen Neujahrs 2024 104

Energetische Rituale zur Reinigung 106

Über den Autor 111

Einleitung

Der chinesische Kalender ist uralt und komplex und wurde nie vereinfacht. Viele Kulturen ersetzten den Mondkalender durch den Kalender der Sonne.

Der chinesische, islamische und hebräische Kalender richten sich nach den Mondphasen. Es ist ein kompliziertes System, da sie nicht nur von den Mondzyklen bestimmt werden, sondern auch den Sonnenzyklus, den von Jupiter und Saturn, einschließen.

Die Chinesen betrachten die universelle Energie als vom Gleichgewicht regiert. Das Konzept von Yin und Yang ist das wichtigste innerhalb dieses Gleichgewichts. Yin ist das Gegenteil von Yang und umgekehrt, aber zusammen erreichen sie das volle Gleichgewicht. Diese Energie ist in allem zu finden, was existiert, im Materiellen und im Immateriellen.

Das Ying/Yang-Symbol ist in zwei Hälften unterteilt, eine ist schwarz (Yin) und die andere weiß (Yang). Beide Teile sind in der Mitte durch eine Ellipse verbunden, die sie zu einer Kurve verbindet. Seine Farben, Schwarz und Weiß, bedeuten, dass Dualität existiert und dass das andere unbestreitbar existieren muss, damit das eine bestehen kann. Innerhalb des Yin gibt es einen Yang-Kreis, der symbolisiert, dass Dunkelheit immer Licht braucht. Innerhalb des Yang finden wir einen Yin-Kreis, der darauf hinweist, dass wir im Licht immer Dunkelheit finden werden.

Die Ellipse, die sie miteinander verbindet, bedeutet, dass alles fließt, sich transformiert und entwickelt. Wenn es ein Ungleichgewicht zwischen einer dieser beiden Energien, Yin oder

Yang, gibt, ist unser Leben nicht ausgeglichen, da sie zusammen gestärkt werden. Wir sollten niemals denken, dass eine Energie der anderen überlegen ist, beide müssen gleichermaßen übereinstimmen.

Leider gibt es in unserer Gesellschaft eine Tendenz, die Yang-Energie zu bevorzugen, weil man denkt, dass ihre Eigenschaften die wichtigsten sind. Indem wir dies tun, schaffen wir eine Trennung zwischen der spirituellen und der materiellen Ebene, denn indem wir den Wert der Yin-Energie reduzieren, sind wir weniger reflektiert und denken, dass Empfänglichkeit etwas Negatives ist, da sie Zerbrechlichkeit impliziert.

Das Gleiche passiert mit der Dunkelheit, wir vermeiden sie nicht nur, sondern wir fürchten uns vor ihr. Beide Energien sind wichtig. Wir können nur dann spirituelle Wesen sein, wenn es ein Gleichgewicht zwischen Yin und Yang gibt, denn du bist nicht nur Licht, sondern auch Dunkelheit. Es ist ein Fehler, die Starken oder die

Handelnden zu schätzen und zu privilegieren. Wir müssen das Weibliche und die Sensibilität schätzen und wertschätzen, denn nur so können wir das wahre Gleichgewicht unseres Wesens erreichen, aus einer Position der Liebe und Festigkeit heraus.

In den Zeichen des chinesischen Tierkreises sind die Yin- und Yang-Energie vorhanden, und sie sind es, die die Eigenschaften jedes Tieres und die mit ihnen verbundenen Elemente bestimmen.

Yin-Energie ist mit dem Dunklen, Kalten, Weiblichen, Abstrakten, Tiefen und dem Mond verbunden. Yin-Zeichen sind nachdenklich, sensibel und neugierig. Sie sind der Ochse, der Hase, die Schlange, die Ziege, der Hahn und das Schwein.

Die Yang-Energie ist mit Licht, Wärme, Oberflächlichkeit, der Sonne und logischem Denken verbunden. Sie sind impulsive und materialistische Zeichen. Sie sind die Ratte, der Tiger, der Drache, das Pferd, der Affe und der Hund.

Die Yin- und Yang-Energien sind mit den Elementen verbunden, die sich wiederum aus den Jahren ableiten, in denen sie auftreten. Jades Element besets Yin- und Yang-Energy.

Die Jahre, die mit der Zahl **0 enden,** ihr Element ist Metall und sind mit der Yang-Energie verbunden.

Die Jahre, die mit der Zahl 1 enden, sein Element ist Metall und sind mit der Yin-Energie verbunden.

Die Jahre, die auf Nummer **2 enden,** sind Wasser und stehen im Zusammenhang mit der Yang-Energie.

Die Jahre, die auf Nummer **3 enden,** sind Wasser und stehen im Zusammenhang mit der Yin-Energie.

Die Jahre, die mit der Zahl **4 enden,** sind Holz und stehen im Zusammenhang mit der Yang-Energie.

Die Jahre, die mit der Zahl **5** enden, dein Element ist Holz und stehen im Zusammenhang mit der Yin-Energie.

Die Jahre, die mit der Zahl **6 enden,** sind Feuer und stehen im Zusammenhang mit der Yang-Energie.

Die Jahre, die mit der Zahl **7 enden,** sind das Element Feuer und stehen im Zusammenhang mit der Yin-Energie.

Die Jahre, die mit der Zahl 8 enden, dein Element ist die Erde. und stehen im Zusammenhang mit der Yang-Energie.

Jahre, die mit der Zahl **9 enden,** sind Erdelement und stehen im Zusammenhang mit der Yin-Energie.

General Predictions for the Year of the Allgemeine Vorhersagen für das Jahr des Drachen

Am 10. Februar 2024 beginnt das sensationelle Jahr des grünen Holzdrachen, und laut chinesischer Astrologie symbolisiert Grün Leben, Veränderung und Wachstum.

Der zugehörige Planet ist Jupiter, ein Planet, der sehr förderlich ist; wir werden die gesäten Früchte im Jahr 2023 ernten.

Das Jahr des Drachen 2024 wird uns Glück, Wohlstand, Wohlbefinden und Fortschritt bringen. Wir werden viele Möglichkeiten für

Wachstum und Transformation haben, aber auch
Herausforderungen und Komplikationen, die die
Notwendigkeit von Vergebung,
Einfühlungsvermögen und friedlichen
Entscheidungen betonen.

In den Jahren, in denen das Element Holz ist,
belohnt das Leben Menschen, die gesellig und
professionell sind. Die Erlangung eines
Abschlusses oder Reisen sind einige der
Möglichkeiten in diesem Jahr.

Wir werden die Gelegenheit haben, unsere
Führungsqualitäten zu entwickeln, es ist ein Jahr
des Aufbruchs und der Schaffung von Strukturen,
die langfristig Bestand haben.

Dieses Jahr des Drachen ist günstig für
Veränderungen und Wachstum, da die Energie
des hölzernen Drachens die Fähigkeit besitzt,
neue Ideen zu inspirieren und unsere Fantasie zu
beflügeln.

Wir werden einige Etappen erleben, die voller
Schwierigkeiten sein werden, aber das sind die
Momente, in denen wir die Energie des Drachens

nutzen müssen, um erfolgreich zu sein und die Herausforderungen zu überwinden.

Vergessen Sie im Laufe des Jahres nicht, dass der Drache den Wandel und die Anpassungsfähigkeit verkörpert, Eigenschaften, die uns helfen werden, zu wachsen und uns zu erneuern.

Das Jahr 2024 wird ein ereignisreiches Jahr mit vielen Entwicklungsmöglichkeiten sein. Wir werden viele politische, wirtschaftliche, Beziehungs- und Umweltkonflikte erleben, die deutlich machen, dass friedliche Lösungen die Antwort auf jedes Problem sind.

Dieses Jahr wird uns anregen, neue Geschäfte zu machen und uns in der unternehmerischen Welt weiterzuentwickeln, denn die Energie des Drachen und seine Eigenschaften, mutig und ehrgeizig zu sein, werden uns inspirieren.

Wir werden viele Anpassungsfähigkeiten entwickeln, und Geduld und Ausdauer werden es uns ermöglichen, alle Widrigkeiten zu überwinden und zum Erfolg zu gelangen.

Dies ist auch ein günstiges Jahr, um an unserem geistigen Wachstum zu arbeiten; es ist sehr wichtig, dass wir uns auf unsere Ziele konzentrieren.

Zusammenfassend lässt sich sagen, dass es ein Jahr mit positiven Veränderungen und bedeutenden Fortschritten in unserem Leben sein wird, in dem wir die Möglichkeit haben werden, Liebe zu finden, eine Beziehung zu stärken und wirtschaftlichen und geistigen Wohlstand zu haben.

Ursprung des chinesischen Horoskops

Das chinesische Horoskop hat eine mehr als 5000 Jahre alte Tradition und basiert auf dem Mondjahr.

Der Legende nach rief Buddha alle Tiere, doch nur zwölf folgten seiner Aufforderung in folgender Reihenfolge: die Ratte, der Ochse, der Tiger, das Kaninchen, der Drache, die Schlange, das Pferd, die Ziege, der Affe, der Hahn, der Hund und das Schwein.

Jedes Tier erhielt ein Jahr geschenkt und bildet den Zwölfjahreszyklus, der in der chinesischen Astrologie verwendet wird. Daher hat jedes Zeichen den Namen eines Tieres, und jedem Tier entspricht ein Jahr.

Jedem Tier wurde außerdem eines der fünf Elemente zugeordnet, die den planetarischen Energien entsprechen:

- Wasser (Planet Merkur)
- Metall (Planet Venus)
- Feuer (Planet Mars)
- Holz (Planet Jupiter)
- Erde (Planet Saturn)

Das chinesische Horoskop drückt die Analogie der kosmischen Energien mit jedem Individuum aus. Aus diesem Grund wird die Energie jeder Person durch eines der zwölf Tiere repräsentiert, die dieses Tierkreiszeichen-System bilden.

Jedes Tier und die Energie, die Ihnen entspricht, werden durch Ihr Geburtsdatum bestimmt. Diese Energien bestimmen dein Verhalten und wie du

die Welt wahrnimmst. Für die Chinesen
symbolisieren diese Zeichen die
bemerkenswertesten Eigenheiten unseres
Charakters. Um die Bedeutung der Tiere richtig
zu verstehen, müssen wir sie als spirituelle
Symbole sehen.

Das chinesische Horoskop basiert nicht auf dem
Sonnenzyklus, auf dem das westliche Horoskop
basiert. Es basiert auf den Zyklen des Mondes.
Jedes Mondjahr hat zwölf Neumonde und alle
zwölf Jahre einen dreizehnten, daher fällt ein
neues Jahr nie mit dem Datum des vorherigen
Jahres zusammen.

Die zwölf Tiere des chinesischen Horoskops
beeinflussen das Leben, das Glück und den
Willen eines jeden Menschen. Diese Qualitäten
zeigen sich nicht offen im täglichen Leben, aber
sie sind immer präsent und wirken in Form von
verborgenen Kräften.

Die chinesische Zwölfjahresperiode ist mit
dem Transit des Planeten Jupiter verbunden, und

jedes chinesische Mondjahr entspricht in der
westlichen Astrologie fast der Dauer des Transits
von Jupiter durch ein Tierkreiszeichen. Jupiter
befindet sich in der westlichen Astrologie immer
in dem Zeichen, das traditionell dem Tier im
chinesischen Horoskop entspricht.

Chinesisches Element des Jahres 2024, Holz

Das Element des Jahres 2024 ist Holz. Holz ist ein kreatives Element. Wenn dieses Element aufgrund deines Geburtsjahres auf dich zutrifft, solltest du diese Energien kreativ kanalisieren.

Holz symbolisiert Mitgefühl und Toleranz. Wenn Sie sich diese Energien zunutze machen wollen, ist es wichtig, sich das ganze Jahr über mit natürlichen Pflanzen, Blumen und grünen Gegenständen zu umgeben.

Holz ist ein Element, das mit der Fähigkeit zu projizieren und Entscheidungen zu treffen zusammenhängt, daher wird das Jahr 2024 ein Jahr der Entwicklung, der Evolution und des Aufblühens sein.

Dieses Element steht in Verbindung mit Verdauung, Atmung, Herz und Stoffwechsel und sorgt in der traditionellen chinesischen Medizin für einen kontinuierlichen Energiefluss. In Bezug auf die Gefühle bedeutet dies, dass wir unsere Emotionen richtig ausdrücken.

Holz wird uns im Jahr 2024 helfen, Bewusstsein und Verständnis für die objektive Realität zu gewinnen. Es wird uns Festigkeit und Einfühlungsvermögen in unseren Beziehungen bringen.

Holz, das mit unserer Persönlichkeit zusammenhängt, wird uns die richtige Dosis an Enthusiasmus, Entschlossenheit und Dynamik bringen, damit wir in der Lage sind, zu handeln und alle Herausforderungen dieses Jahres zu meistern.

Holz ist das Element, das wir in diesem Jahr brauchen, um die notwendigen Entscheidungen treffen zu können, für Veränderungen, die wesentlich sind.

Dank dieses Elements werden wir über die richtigen Strategien und die Fähigkeit verfügen, alle Prozesse zu organisieren und zu kontrollieren, aber wir werden auch flexibel bleiben.

Obwohl dies das Element des Jahres 2024 ist, müssen Sie, wenn Sie ein Unternehmen haben und wollen, dass es floriert und wirtschaftlichen Reichtum hat, die anderen Elemente berücksichtigen.

Im Geschäftsleben ist **das Element Wasser** das wichtigste Element, denn es steht für Überfluss, Reichtum, Macht und die Fähigkeit, sein Geld zu verwalten, anzuhäufen und zu sparen.

Wasser darf nicht stagnieren. Es sollte nicht in einer Vase stehen, wenn das Wasser nicht jeden Tag gewechselt wird, denn wenn es stagniert, wird der Gewinn geschmälert und die Kunden werden vergrault.

Wasser muss fließen, damit Geld fließen kann. Wenn Sie ein Schwimmbad haben, muss es gereinigt werden, und wenn Sie einen Springbrunnen haben, muss er den Kreislauf von Ein- und Austritt des Wassers erfüllen. In einem Fischbecken muss es sich bewegen und mit

Sauerstoff angereichert werden. In den Leitungen muss es fließen, mindestens einmal am Tag muss man es fließen lassen, indem man den Hahn öffnet.

Jedes Unternehmen muss das Element Wasser in Bewegung halten, sonst kann es keine Waren anhäufen oder sich weiterentwickeln.

Selbst wenn es sich nur um ein kleines Aquarium oder einen Behälter handelt, bei dem das Wasser täglich gewechselt wird.

Das Wasser sollte sich am Eingang des Unternehmens oder im nördlichen oder nordwestlichen Bereich des Unternehmens befinden, wo das Geld aufbewahrt wird oder wo die Verwaltung des Unternehmens stattfindet.

Das Element Feuer sollte in einem Unternehmen im Süden des Gebäudes platziert werden.

Sie kann am Eingang, am Ende oder an den Seiten des Gebäudes angebracht sein. Wenn es sich aber um ein Lebensmittelgeschäft handelt, kann es überall sein.

Feuer symbolisiert Beliebtheit und die Art von Überfluss, die sich nicht anhäuft, daher muss Wasser auf der gegenüberliegenden Seite des Feuers verwendet werden, denn Feuer zieht Kunden an, und Wasser hält den wirtschaftlichen Fluss aufrecht.

Das Element **Erde** ist ursprünglich, denn es ist die Basis, aus der sich alles speist.

Zwei verzierte Gefäße mit Trockenblumen oder ein Steinsockel können das Element Erde symbolisieren.

Die Erde muss in der Konstruktion vorhanden sein, aber auch in der Mitte des Raumes, oder im Südosten gelegen, weil es ist, wo es sich am besten zum Ausdruck bringt. Erde gibt Sicherheit, muss aber von Feuer im Süden und Wasser im Norden begleitet werden.

Die Erde ist stabil, formbar und das Spiegelbild des gesamten Planeten.

Wenn Sie ein Unternehmen gründen wollen, um zu überleben, genügt es, sich um das Element Erde zu kümmern.

Das Element Metall ist sehr dynamisch und aktiv und bietet vielfältige Möglichkeiten im Geschäftsleben. In der Vergangenheit wurde Metall in China als Gold angesehen.

Das Element Metall steht für Stärke und Macht, Kontinuität, Sicherheit und Reichtum,

Seine Position ist der Westen, und vergessen Sie nicht, dass Metall zusammen mit Kristall jede Einstiegs- und Ausstiegsposition eines Unternehmens stärkt.

Das Holzelement ist trotz seiner Zerbrechlichkeit die Grundlage der Konstruktion.

Holz sollte im Osten des Geschäfts platziert
werden, aber es ist ratsam, es diametral zum
Metall zu platzieren.

Metall im Westen, Holz im Osten, Feuer im
Süden, Wasser im Norden und Erde in der Mitte,
so dass Ihr Unternehmen immer erfolgreich sein
wird.

Die Bedeutung der Elemente im chinesischen Horoskop

Element Metall

Menschen, die in den Jahren geboren sind, die im chinesischen Horoskop auf 0 oder 1 enden, werden dem Metallelement zugeordnet. Metall, das Material, aus dem Schilde und Schwerter hergestellt werden, ist das Element, das Festigkeit und Ehrlichkeit, aber auch Strenge symbolisiert.

Metall ist das Element des Herbstes, der Jahreszeit der Ernte und des Überflusses. Es ist dual wie die Funktionen seines Elements, denn in Form eines Schwertes verflüssigt es, und als

Löffel nährt es. Metall kommt aus der Erde, wird von Feuer beherrscht und verklärt Holz.

Die Persönlichkeit dieser Personen, die dem Metallelement angehören, neigt dazu, stark ambivalent zu sein. Sie kommen am besten zurecht, wenn sie allein sind, denn sie sind niemandem Rechenschaft schuldig.

Sie sind entschlossen, gestalten ihr Schicksal selbst, sind stur, professionell und gleichgültig gegenüber jedem Versuch eines Kompromisses. Ihre Freiheit steht an erster Stelle, und es ist sinnlos, sie unter Druck zu setzen, geschweige denn ihnen zu helfen, denn sie hören auf niemanden und akzeptieren keine Einmischungen und Hindernisse. Sie verlassen sich nur auf sich selbst und lassen sich von niemandem beeindrucken, denn sie sind mächtig und fähig, Großes zu leisten.

Für sie gibt es keine Schwierigkeiten, die sie aufhalten können, und selbst wenn eine Situation unhaltbar wird, leisten sie bis zum Ende Widerstand. Sie sind ehrgeizig und berechnend, sie lieben Geld, Macht und Erfolg und werden keine Mittel scheuen, um ihre Ziele zu erreichen, auch wenn das bedeutet, dass sie Beziehungen zerstören.

Sie eignen sich für Berufe, in denen sie ihr Element zum Ausdruck bringen können: Juweliere, Finanziers, Versicherungen jeglicher Art, Schlosser, Bergleute, Chirurgen, und für alle Bereiche, in denen sie sich von anderen unterscheiden können. Sie können auch in Berufen erfolgreich sein, die mit Holz oder Papier zu tun haben. Berufe, die mit Wasser zu tun haben, sind vorteilhaft, Berufe, die mit Erde zu tun haben, können zu Konflikten führen, und von Berufen, die mit dem Element Feuer zu tun haben, sollten sie sich fernhalten.

Sie sind nicht an Gefühlen interessiert und lassen sich von den Schwierigkeiten anderer nicht beeindrucken, bis hin zur Manipulation, wenn sie sich einen Vorteil verschaffen können. Die Leidtragenden sind vor allem die Menschen des Holzelements, da **es sie mit frontalen**

Aggressionen manipuliert und unterdrückt. Die Menschen des Wasserelements hingegen erhalten, da sie empfänglich sind, einen wirksamen Anstoß, der ihnen enorm zugutekommt. Die Einzigen, die sie wirklich beugen können, sind Personen, die dem Feuerelement angehören, denn sie beherrschen ihre Unempfindlichkeit und Strenge mit einer ansteckenden Emotion.

Körperlich erkennt man einen Menschen des Metallelements an seinem traurigen Blick und der blutarmen Gesichtsfarbe. Sie sind zerbrechlich, anfällig für Stress und können durch Temperaturschwankungen und schlechte Ernährung beeinträchtigt werden. Deshalb sollten sie ihren Appetit anregen, wobei würzige Speisen im Vordergrund stehen sollten.

Die günstigste Jahreszeit für sie ist der Herbst, und in dieser Zeit können sie ihre Potenziale am besten entfalten, was aber nicht bedeutet, dass sie es übertreiben oder stur sein sollten. Er sollte weiße Kleidung tragen und Metalle und weißen Quarz als Amulette verwenden.

Metall ist starr und unnachgiebig und hat keine Angst vor Gefahren. Es ist eine unabhängige Art von Person, die, getrieben von Gier, geht mit Ausdauer, konzentriert sich auf den Erfolg, plant im Voraus, und verabscheut die spontane.

Wenn es einmal einen Weg eingeschlagen hat, ändert es ihn nicht mehr. Trotz ihrer äußeren Unempfindlichkeit strahlen Menschen dieses Elements eine Anziehungskraft aus, die von allen wahrgenommen wird, mit denen sie in Verbindung stehen. Um von ihren Fähigkeiten zu profitieren, müssen sie jedoch lernen, weniger dogmatisch zu sein, da dies ihre Beziehungen beeinträchtigt.

Menschen, die im Metallelement geboren sind, müssen sich erziehen, damit sie ihre Gefühle ausdrücken können. Wenn sie dies nicht tun, werden sie das Gefühl haben, dass ihre Energien vermindert sind.

Element Erde

Menschen, die in den Jahren geboren sind, die auf die Zahlen 8 oder 9 enden, gehören dem Erdelement an. Diesem Element entsprechen die Eigenschaften von Standhaftigkeit, Ausdauer und Fruchtbarkeit. Obwohl die Erde in der chinesischen Astrologie keine eigene Jahreszeit hat, ist sie im Kalender mit den letzten zwei oder drei Wochen der anderen Jahreszeiten verbunden.

Erde ist das Element, das für Stabilität und Greifbarkeit steht, aber bei einem Übermaß verwandelt es die Menschen in vorsichtige, misstrauische und starrköpfige Menschen und schränkt ihre Initiativen und Fantasien ein.

Der Mensch des Erdelements ist geduldig und bescheiden, arbeitet immer mit Beständigkeit, ohne sich einen Augenblick der Freude oder Unordnung zu gönnen. Er wird nie müde und kann ebenso eifrig und materialistisch wie naiv und umsichtig sein. Sein unbestreitbarstes Merkmal ist seine ausgeprägte Entmutigung. Er ist zu ernst, liebt es zu planen und zu lenken, ist entsetzt über Zufälle, und obwohl er intelligent ist und ein außergewöhnliches Gedächtnis hat, stört es ihn, glanzvoll zu erscheinen.

Unermüdlich nachdenklich, ehrgeizig und ängstlich, ist es so ausgesetzt, die Milz aufzuladen, ein Organ, das mit diesem Element verbunden ist und das geschwächt ist, wenn die Person eine scharfe Mentalität hat.

Die Person, die zu diesem Element gehört, zementiert persönliche Beziehungen allmählich, aber für eine lange Zeit erträgt. Es ist sehr hingebungsvoll und Verteidiger in der Liebe, immer bereit, Vertrag und erfüllen ihre Verantwortung, und obwohl es nicht demonstrativ in ihren Gefühlen ist eine Schulter, die immer aufgezählt werden kann, weil es an Ihrer Seite in den Momenten, die Sie brauchen es sein wird.

In ihrer Arbeit sind sie ernsthaft und zurückhaltend, aber auch organisiert und zuverlässig. Sie sind die richtigen Leute, um Geschäfte mit Moral, Sparsamkeit und feuerfester Ehrlichkeit zu führen. Ihr logisches Denken macht sie zu unschlagbaren Vermittlern bei Problemen, die mit ihren eigenen praktischen und günstigen Auswegen dazu beitragen. Sie eignen sich für Berufe, die Geschicklichkeit erfordern, aber keine Initiative erfordern, oder für Führungssituationen.

Obwohl sie wegen ihrer Launenhaftigkeit und Nostalgie und ihrer Unfähigkeit, fröhlich zu sein, nicht leicht zu ertragen ist, verbindet sie sich gut mit dem Metallelement, dem sie Stabilität verleiht, und mit dem Wasser, das sie geschickt zu bändigen und zu lenken weiß. Normalerweise hat es Konflikte mit dem Holzelement, da es es zwar schützt, aber manchmal auch erstickt, und mit dem Feuer, das es sowohl antreibt als auch schwächt.

Das Erdelement ist mit dem Planeten Saturn verbunden. Sie müssen sehr vorsichtig sein mit dem Verzehr von Süßigkeiten, etwas, das Sie lieben, da es mit Ihrem Element verbunden ist. Sie sollten immer die natürliche Süßigkeit wählen und die Verwendung von weißem Zucker begrenzen, da dieser das Kalzium in ihrem Knochensystem zerstört. Sein anderer Schwachpunkt ist das Verdauungssystem, das ihn in der Regel stark bestraft, deshalb sollte er eine leichte und leicht verdauliche Ernährung einhalten. Es wird empfohlen, dass sie den direkten Kontakt mit Mutter Erde suchen, indem sie barfuß im Sand oder auf dem Feld laufen.

Seine Glücksfarbe ist gelb, und sein Quarz ist Topas und Citrin.

Die Erde steht für Wohlstand, Vernünftigkeit, Materialismus und Sicherheit. Diese Menschen neigen dazu, introspektiv zu sein, was ihnen eine große Fähigkeit zum Denken verleiht. Die Erde ist das Gefäß des Lebens und diese Siegel der unauslöschlichen Form zu denen unter dem Einfluss dieses Elements geboren, da sie stabile Menschen, in denen Sie delegieren können, sind.

Die Erde nährt sich vom Feuer und erzeugt eine große Energie, die Metall erhitzt und schmilzt, Wasser bändigen und von Holz verzehrt werden kann.

Um sich wohlzufühlen, braucht der Mensch des Erdelements materielle Sicherheit, obwohl er fleißig, formal und organisiert ist. Man kann ihnen vorwerfen, dass sie anmaßend sind, aber aufgrund ihrer Verdienste gehen sie langsam auf ihre Ziele zu und erzielen stabile Ergebnisse.

Element Feuer

Menschen, die in den Jahren geboren sind, die auf 6 oder 7 enden, entsprechen dem Feuerelement. Zu diesem Element gehören Leidenschaft, Mut und Führung. Das Feuerelement ist das Element der Sommersaison, in der alles fruchtbar wird und seine Vollendung findet. Es ist mit dem Planeten Mars verbunden, der wohltuend, aber manchmal impulsiv ist. Es ist übermäßig steril und symbolisiert die Person, die sich auszeichnet, aber auch andere schlecht behandelt. Kämpferisch, eitel und reizbar, geht die Person dieses Elements von Wut zu ungezügelter Freude über.

Seit seiner Kindheit hat er eine
Führungspersönlichkeit, Ehrgeiz ist in seinem
Leben präsent, er liebt Gefahren, Lachen,
Begeisterung und Konflikte. Schwierigkeiten
entmutigen ihn nicht, sondern spornen ihn an,
weiterzumachen, und in diesen Fällen durchläuft
er eine heftige Metamorphose.

Diese Menschen sind zum Gewinnen geboren,
aber sie wissen nicht, wie sie es zugeben sollen,
weil sie es nicht schaffen, sich selbst zu
beobachten und ihre Energien zu nutzen. Sie sind
großartig im militärischen Bereich, im Sport und
als Chefs, da die anderen vor ihrem Charisma
untergehen. Sie verstehen es, die Energien des
Holzelements zu nutzen, indem sie ihre Genialität
in den Dienst ihrer Sache stellen und in den
Menschen des Erdelements den lebenswichtigen
Mut zum Vorwärtskommen wecken.
Menschen, die dem Wasserelement angehören,
neigen dazu, ihre Leidenschaft auszulöschen, und
Menschen, die dem Metallelement angehören,
stellen sie mit einer Starrheit auf die Probe, die
ihr Energiefeld auslaugt.

Das am leichtesten geschädigte Organ bei diesen Menschen ist das Herz, es besteht die Möglichkeit einer Tachykardie. Darüber hinaus können sie von Ohr-und Darmprobleme leiden. Sie sollten Kleidung in hellen Farben tragen, unter denen Rot überwiegt, und als Amulette Quarze wie Granate und Hämatit verwenden. Sie sollten auch Weihrauch und Kerzen verwenden.

Diese charismatischen, leidenschaftlichen und opportunistischen Menschen kommunizieren gut und sind handlungsorientiert. Ihr Egoismus und ihr Wunsch nach Erfolg sind unberechenbar und sie verlassen sich nur auf ihre eigenen Ansichten. Sie neigen dazu, Details zu vernachlässigen, da sie manchmal stur sind und Ziele anstreben, die intensive Arbeit erfordern.

Menschen, die unter dem Einfluss des Feuerelements geboren sind, sind positiv, geben immer ihr Bestes und engagieren sich in allem, was sie tun, mit Liebe und Willen. Ihre Energien dienen dazu, diejenigen um sie herum zu unterstützen, denen es daran mangelt.

Das Feuer heizt das Haus, es ermöglicht uns die Zubereitung von Speisen. Dieses Element nährt die Erde durch die Asche, es ernährt sich von trockenem Holz, d.h. Holz, seine Hitze beherrscht das Metall, d.h. es macht es flexibel, und es kann nur von Wasser beherrscht werden.

Eine Führungspersönlichkeit hat immer ein Übermaß an Feuerelementen und neigt dazu, schnelle Entscheidungen zu treffen. Er fühlt sich zu unkonventionellen Ideen hingezogen, hat keine Angst vor Gefahren und ist immer in Bewegung. Es ist wichtig, dass er emotionale Intelligenz erlernt, denn Arroganz kann seinen Egoismus verstärken und ihn unkontrollierbar machen, insbesondere wenn er auf Hindernisse stößt. Dieser selbstzerstörerische Stil ist vor allem in der Jugend ausgeprägt.

Der Erfolg begleitet die Menschen des Feuerelements, aber sie müssen sehr vorsichtig sein mit Instabilität und Unruhe, die die häufigsten Unzulänglichkeiten der Feuergeborenen sind. Es ist besser, diese Fehler zu beherrschen, um nicht von ihnen versklavt zu werden. Sie sollten sich einen ruhigen Ort suchen, an dem sie in Frieden leben können, und auch Meditation wird sie ins Gleichgewicht bringen.

Menschen mit dem Feuerelement sind hartnäckig und lukrativ.

Element Holz

Menschen, die in den Jahren geboren sind, die auf die Zahlen 4 oder 5 enden, gehören dem Element Holz an. Holz ist das Element, das Harmonie, Schönheit und Kreativität symbolisiert. Sie haben ein sehr hohes Maß an Selbstvertrauen und einen eisernen Willen, was sie zu den richtigen Menschen macht, um für eine gerechte Sache zu kämpfen.

Holz ist mit dem Planeten Jupiter verbunden, es ist das günstigste der Elemente, Symbol für Beständigkeit und Wissen. Anpassungsfähig biegt es bequem, und hat mehrere Anwendungen,

die kommunikativ, geben und ehrliche Menschen
zu charakterisieren.

Menschen mit dem Holzelement sind kreativ und
vital, aber manchmal sind sie zerstreut und nicht
in der Lage, ihren Weg zu finden und ihre Ziele
zu erreichen. Sie vertrauen anderen bis hin zur
Unschuld, sind gerne mit allen zusammen und
entdecken immer neue Dinge, die sie preisgeben
und sich selbst befriedigen können. Sie fühlen
sich zur Natur und zu Kindern hingezogen und
geben der Familie den Vorrang.
Gelegentlich neigen sie dazu, unrealistische
Erwartungen zu haben, ihren Körper
herabzusetzen, übermäßig viel zu essen und sich
in Leidenschaft und Sinnlichkeit zu verlieren.
Sie sind es gewohnt, Partner aus dem
Wasserelement zu wählen, von denen sie Mut
und Unterstützung erhalten, und solche aus dem
Feuerelement, die sie mit ihren brillanten Ideen
versorgen.
Es verträgt sich nicht sehr gut mit dem
Metallelement, das es gnadenlos zerstört.

Das Element Holz erkennt man an seiner grünlichen Farbe. Diese Menschen sollten sich um ihre Augen kümmern.

Holz wird verwendet, um Unterkünfte zu bauen, so dass es uns schützt. Holz deckt sich mit der Kreativität des Wassers, und dank dieser Eigenschaft verstehen und helfen sie anderen.

Diejenigen, die unter dem Holz-Element geboren sind, haben innere Konflikte, um sich Regeln und Traditionen zu unterwerfen, wo strenge Urteile ständig in Kraft sind. Dieses Element nährt das Wasser und ist gleichzeitig Brennstoff für das Feuer. Seine Energie wird von der Erde aufgesaugt und vom Metall unterjocht.

Menschen mit dem Element Holz erringen immer große Erfolge und haben eine begehrte Struktur. Ihre Berufe sind vielseitig. Sie legen großen Wert auf Integrität und streben danach, einen festen Platz im Leben zu finden. Der Glaube an den Erfolg und ihre analytischen Fähigkeiten geben ihnen die Fähigkeit, auch die komplexesten Probleme ohne Zögern anzugehen. Mit einer unglaublichen Überzeugungskraft agieren sie in vielen Bereichen, da sie stets auf Entwicklung und Veränderung abzielen.

Ihr natürlicher Wille hilft ihnen, voranzukommen, und sie finden immer Unterstützung und das nötige Kapital, da andere Menschen auf ihre Fähigkeit zählen, Ideen in Wohlstand zu verwandeln.

Sein Haupthindernis ist es, die Dinge auf die Spitze zu treiben. Wut und verhaltener Zorn wirken sich absolut negativ auf die Energien dieses Elements aus. In der Nähe von Bäumen zu sein und sie zu berühren, gleicht das Holzelement aus.

Bei der Arbeit sind Menschen, die dem Element Holz angehören, ordentlich, intelligent und einfallsreich. In kommerziellen Aktivitäten sind sie mehr fruchtbar, wenn die Arbeit ist Teamarbeit, und ist gut strukturiert.

Kein Arbeitsbereich, der mit ihrem Element zu tun hat, ist ungünstig, aber diejenigen, die mit Feuer zu tun haben, können sie bis zu einem

gewissen Grad beeinträchtigen, und diejenigen,
die mit Metall zu tun haben, werden sie ruinieren.

Element Wasser

Das unempfindlichste und gefühlloseste Element, das mit dem Winter, der Langlebigkeit und dem Planeten Merkur verwandt ist, ist der Herrscher der Kommunikation und der tiefen Zuneigung.

Ein Mensch mit dem Element Wasser ist sensibel, aber hermetisch. Er ist barmherzig, sentimental und zerbrechlich, hasst Kritik und entscheidet sich deshalb, im Verborgenen zu handeln, um sich zu schützen. Er ist herzlich, wortgewandt und gleichzeitig besonnen und weiß, wie man Rückschläge überwindet, ohne sich aufzuspielen, mit Gerissenheit, Scharfsinn und Ausdauer. Auf diese Weise erreicht er seine Ziele indirekt und im Stillen, wobei er den

Eindruck erweckt, rücksichtsvoll und
verständnisvoll zu sein.

Energiemangel ist ein Problem für das
Wasserelement, wenn es nicht lernt, seine
Hilflosigkeit mit der Kraft auszugleichen, die aus
der Reflexion und der Kommunikation mit den
tiefsten Teilen seines Wesens kommt. Panik ist
immer die Leitschnur seines dramatischen
Lebens, das oft in der Dunkelheit gelebt wird, aus
Angst, sich zu zeigen und zu kämpfen.

Auf beruflicher Ebene ist er durch den
Wettbewerb gehemmt, aber er leistet gute Arbeit
an klaren und geschützten Orten wie Schulen,
Buchhandlungen, Redaktionen oder überall dort,
wo die Kommunikation, mündlich oder
schriftlich, der primäre Mechanismus ist, und in
der Gesellschaft von friedlichen Kollegen, die zu
seiner Persönlichkeit passen, wie z.B. jemand
vom Holzelement, mit dem der Wunsch nach
Weisheit zusammenfällt, oder vom
Metallelement, von dem er Entscheidungen
erhält. Umgekehrt passt er sich weder an das
Feuerelement an, das er auslöscht und entmutigt,

noch an Personen, die dem Erdelement
angehören, bei denen er sich eingeschränkt,
konditioniert und behindert fühlt.

Schwarz ist die Farbe, die sie begünstigt, aber sie
sollten es mit Mäßigung verwenden, weil es dazu
neigt, sie zu entmutigen. Das gleiche geschieht
mit dunklem Quarz, die Glück anziehen, wie Jet,
Onyx und Turmalin. Um das Beste aus seinen
Qualitäten zu machen, ohne in die Extreme zu
gehen, und um Streuung zu vermeiden, sollte die
Person des Wasserelements seine Pläne im
Winter beginnen.

In positiven Perioden vermitteln die
Liebesbeziehungen dieses Elements Zärtlichkeit,
Gleichmut und Vorsicht, Potentiale, die es ihnen
ermöglichen, sich mit der nötigen Klugheit zu
verhalten, um die Ursachen ihrer Konflikte zu
beseitigen, wenn sie auftreten.

Sie haben ein unglaubliches Denkvermögen,
obwohl ihre zurückhaltende, tiefe und trübe
Persönlichkeit sie zu Melancholie neigen lässt.

Sie zeigen auch Mangel an Sicherheit und Kühnheit. Kreativität ist eine der Haupteigenschaften, die dieses Element repräsentiert, ebenso wie Anpassung, Sanftmut, Barmherzigkeit und Mitgefühl. Ohne Wasser gäbe es keine Lebewesen auf der Erde, dieses Element ist rein und kristallin, Eigenschaften, die diejenigen haben, die zu diesem Element gehören.

Menschen, die diesem Element angehören, sind leutselig und haben eine wunderbare Macht über andere. Sie haben eine originelle Intuition, die es ihnen ermöglicht, schnell zu erobern. Ausdauer und Klarheit geben ihnen die Möglichkeit, Ereignisse vorherzusagen.

Sie können die Fähigkeiten anderer wahrnehmen und sie wirksam inspirieren, aber sie sind diskret und lassen andere nicht merken, dass sie sie nutzen.

Der Missbrauch von Natrium oder Alkaloiden und Lebensprototypen, die von den üblichen Strukturen abweichen, sind sehr schädlich für Menschen, die im Wasserelement geboren sind. Die Einhaltung der Schlafzeiten, die Aufrechterhaltung einer entspannten geistigen und emotionalen Gesundheit und der Kontakt mit Wasser stellen ihre Harmonie wieder her und optimieren ihre Energien.

Diejenigen, die einem Wasserelementzeichen angehören, können Berufe ergreifen, die mit Holz und Feuer zu tun haben, und erfolgreich sein, Berufe ausüben, die mit ihrem eigenen Element zu tun haben, und Berufe, die mit Erde zu tun haben, ablehnen, da Erde das Wasser unterdrückt.

Kompatibilität und Inkompatibilität

Sie sind kompatibel:

Ratte - Drache - Affe.

Sie stehen in Beziehung zueinander durch ihre Persönlichkeiten, die sehr aktiv und freundlich sind. Alle drei sind fleißig, ungeduldig, leidenschaftlich und ruhelos und haben stets hohe Ziele vor Augen. Sie stecken voller Ideen, haben die nötige Ausdauer und den Mut, sie umzusetzen, und kommen immer wieder mit innovativen, unerwarteten, überraschenden und kraftvollen Lösungen daher.

Tiger - Pferd - Hund.

Sie sind durch die Zufriedenheit verbunden, die sie empfinden, wenn sie zusammenarbeiten. Sie sind durch ihre Bescheidenheit, Würde, Ehrlichkeit und ihren hartnäckigen Altruismus verbunden. Einfühlsam, scharfsinnig und kommunikativ, wenn auch ein wenig gewalttätig und streng, kämpfen sie energisch gegen Ungleichheiten, Gewalt und Illegalität. Diese drei Zeichen verkaufen niemals ihr Gewissen.

Ochse - Schlange - Hahn.

Diese drei Zeichen eint ihre Förmlichkeit, ihre Vernunft und die Ernsthaftigkeit, die sie in ihrem Leben erreichen. Sie sind energisch, unternehmungslustig und unermüdlich, unflexibel in ihren Entschlüssen, sie überdenken und planen gerne in Ruhe, bevor sie Verpflichtungen eingehen, die sie später bereuen würden. Was ihnen fehlt, ist Kälte, denn für sie muss die Vernunft über die Gefühle siegen.

Kaninchen - Ziege - Schwein.

Drei emotionale Zeichen, die auch durch ihre Kreativität verbunden sind. Instinktiv, anfällig, sensibel und zurückhaltend, passen sie sich leicht an ihren Lebensraum an, und als gute Profiteure haben sie nichts dagegen, von anderen abhängig zu sein. Ihre täglichen Aussagen beinhalten immer die Worte: Perfektion, Allianz und Konformität.

Hinweis: Gegenüberliegende Zeichen sind gegenüberliegende Feinde:

Ratte -Pferd

Ochse - Ziege

Tiger - Affe

Kaninchen - Hahn

Drache - Hund

Schlange - Schwein.

Pferd

Eigenschaften

Das Pferd ist impulsiv, denn es stürmt, ohne nachzudenken auf seine Ziele zu. Es ist so, als hätte es nie Schwierigkeiten gehabt oder mit Hindernissen zu kämpfen gehabt, weil es in der Lage ist, zu scheitern und trotzdem seinen Willen zum Erfolg nicht zu verlieren.

Sie sind charmant und neigen dazu, ohne nachzudenken zu reden. In geselliger Runde bringt das Pferd alle zum Lachen, und die vergifteten Gesichter der Anwesenden beunruhigen ihn nicht, da er nur Zeit hat, an sich selbst zu denken und seine Ziele zu erreichen. Er tut dies jedoch nicht in böser Absicht, denn sein

Verhalten ist das Ergebnis mangelnder Vernunft und Reife, und wenn er merkt, dass er einen Fehler gemacht hat, ist er in der Lage, sich zu entschuldigen und von Herzen zu bereuen.

Pferde mögen es nicht, abhängig zu sein, und wenn sie bei ihrer Arbeit zufällig einen Chef dulden müssen, fällt es ihnen sehr schwer. Sie verabscheuen die Gesetze von Menschen, von denen sie annehmen, dass sie schlechter sind als sie selbst, selbst wenn diese Menschen eine höhere Position haben. Aus diesem Grund wird er immer versuchen, ein Profi zu sein, der unabhängig arbeitet und sein eigenes Unternehmen besitzt.

Obwohl das Pferd es liebt, gewürdigt zu werden, ist es davon überzeugt, wie meisterhaft seine Arbeit ist. Manchmal lässt es sich von dieser Überzeugung blenden, weil es glaubt, andere verwirren zu können, indem es sich vor ihren Augen aufspielt.

Sie fühlen sich gerne frei, zuhause ist kein Konzept, das mit ihren Vorstellungen übereinstimmt, und obwohl sie damit glücklich sind und immer Jobs finden, die sie unterhalten, vermissen sie es, mit Freunden auszugehen und auf Partys zu gehen. Er mag Veränderungen, Herausforderungen und Gefahren. Wenn ihm zufällig ein unsicherer Job angeboten wird, der ihm aber die Möglichkeit bietet, schnell aufzusteigen und seinen sozialen Status zu verbessern, wird er ohne nachzudenken zugreifen.

In der Liebe bringen ihn seine Vorsätze dazu, Partner zu wählen, die nicht zu ihm passen, er kann sich in jemanden verlieben, der in einem anderen Land lebt, oder in jemanden, der verlobt ist.

Trotzdem wünschen sie sich Stabilität in einem langweiligen Leben, daher wird der Partner, der sie unterstützen wird, derjenige sein, der weiß, wie man die Balance zwischen einem langweiligen Leben und ein paar Fluchten ins Verborgene findet. Zweifellos sind sie fröhlich und nutzen ihre Anziehungskraft, um zu bekommen, was sie brauchen.

Auf der negativen Seite ist das Pferd ungestüm und gefährlich. Normalerweise vergisst er seine Missgeschicke schnell, aber dadurch verliert er die Bewunderung seines Freundeskreises. Gelegentlich übt er auch heftigen Zwang aus, wenn andere nicht bekommen, was er will. Das Pferd liefert wenig im Vergleich zu dem, was es fordert, und wird grundsätzlich egoistisch, wenn es um seine Aufmerksamkeit geht.

Manchmal geht er großzügig mit Geld um und schränkt es nicht so sehr ein, wie er es mit seinen Energien tut, die er immer für seine Zwecke einsetzen will.

Das Pferd macht sich täglich Freunde, denen es nur halbherzig vertraut und die es verlässt, sobald es sich ärgert, um so zu tun, als sei nichts geschehen, wenn es das will. Sie sind sensibel, aber wenn sie wütend werden, zögern sie nicht, mit ihren Worten Schmerz zu verursachen.

Wenn du ein Pferd wirklich liebst, darfst du es nicht einsperren. Sie sind leidenschaftlich und ungezügelt und führen stürmische Beziehungen, die nicht gut enden. Erst wenn sie erwachsen werden, und sehr zu ihrem Bedauern, werden sie ihren Verpflichtungen nachkommen.

Das Glück kann sie in verschiedenen Phasen ihres Lebens mit Geld begleiten, aber das sichert nicht ihre Zukunft, denn sie sind schlecht darin, ihre Finanzen zu verwalten. Sie werden zugeben, dass sie sich nicht darum kümmern, aber sie vertrauen wirklich auf ihr Glück und wissen, dass etwas oder jemand sie immer retten wird.

Sie sind dramatisch und erzählen Lügen, die für sie natürlich barmherzig sind, denn das hilft ihnen, andere zu überzeugen, vor denen sie fliehen, bevor sie einen Rat annehmen.

Der Tiger, der Hund und die Ziege werden in allen Bereichen Ihre besten Beziehungen auf der Straße sein. Magische Momente können Sie auch mit dem Drachen, der Schlange, dem Affen, dem

Hasen, dem Schwein, dem Hahn oder einem anderen Pferd erleben.

Für die Ratte ist das Pferd zu wild und unbeständig. Auch der Ochse akzeptiert die Unstimmigkeiten des Pferdes nicht, und seine Kreativität scheint ihm eher eine Eigenschaft zu sein, die es ins Verderben führt, als eine positive Eigenschaft.

Metallpferd

Metallpferde sind gesellig und bereit, anderen zu helfen. Sie sind unter ihren Freunden sehr berühmt, beleidigen aber aufgrund ihrer Einfachheit oft unbeabsichtigt andere.

Im Allgemeinen verstehen sie sich gut mit jungen Menschen. Metallpferde sind beständig in der Liebe, aber ihr Leben ist voller Herausforderungen, da sie eine ernsthafte und ausgewogene Beziehung haben, wenn ihr Partner bereit ist, sie zu ertragen.

Das Metallpferd ist ausgeglichen, anständig und wertvoll. Sie tun alles sorgfältig, denn sie verabscheuen Eile. Sie werden für ihre Höflichkeit und Einzigartigkeit verehrt.

Ein Metallpferd lässt keine gesellschaftliche
Veranstaltung aus, bei der es seinen Charme
unter Beweis stellen kann. Sie sind schön, aber
unkontrollierbar und manchmal sogar
wagemutig. Sie haben einen sozialen Charakter
und sind sehr produktiv, mit einer
unvergleichlichen Widerstandsfähigkeit.

Obwohl es ihm an Stabilität und Geduld mangelt,
korrigiert er diese Fehler mit tolerantem Denken.
Er hat ein überragendes Selbstwertgefühl und
einen starken Sexappeal. Er ist verführerisch,
einfühlsam und gesprächig, gleichzeitig aber
auch jähzornig und starrköpfig.

Wasserpferd

Wasserpferde können ihre eigenen Interessen für die der anderen aufgeben. Sie sind empfindlich und romantisch. Sie sind freundlich und es ist sehr angenehm für sie, anderen Menschen das Gefühl zu geben, fest und zufrieden zu sein, weil sie eine ruhige Persönlichkeit und Zuneigung haben.

Das Wasserpferd ist geschwätzig, feinsinnig und interessant. Es hat Fähigkeiten, geistige Schärfe und erreicht fast immer seine Ziele.

Wahrnehmung und Risikobereitschaft machen es ihm leicht, in schwierigen Kontexten göttlich zu schweben, so dass er bei allen Finanzgeschäften, ob als Aktionär, Berater oder Unternehmer, immer die Nase vorn hat.

Misserfolge, selbst kleine, rauben Ihnen die Fähigkeit, klar und gelassen zu denken, und schränken Sie ein, einen geeigneten Ausweg zu finden und ein anderes Projekt in Angriff zu nehmen.

Sie sind sehr auf ihre Gesundheit bedacht, deshalb sind sie immer aktiv, machen körperliche Arbeit oder treiben Sport.

Er ist ein Pferd mit einem ausgezeichneten Blick für das Geschäft, ist aber im Allgemeinen sehr angespannt, was sein Glück und seinen Komfort angeht. Es passt sich leicht an neue Dinge an und toleriert Veränderungen, ohne mit der Wimper zu zucken. Es ist ein wanderndes Pferd und ist ungeduldiger als andere Pferde.

Nachdem Sie eine Entscheidung getroffen haben, können Sie diese hunderten Male auf unterschiedliche Weise ändern, ohne dies jemandem mitzuteilen oder zu erklären.

Hölzernes Pferd

Holzpferde verfügen über eine überbordende Fantasie. Sie werden wegen ihrer scharfsinnigen Beobachtungen von Rückschlägen hochgeachtet und wissen oft, was andere denken.

Sie neigen dazu, pingelig zu sein, werden als Rädelsführer geboren und lassen ihre Mitarbeiter aufgrund ihrer soliden und vernünftigen Entscheidungen bei der Arbeit keinen Grund zum Bedauern.

Das Hölzerne Pferd ist optimistisch. Sie sind für ihre Ausdauer und großen Sinn für Humor respektiert. Sie sind fair, intelligent, und mit ihrer Überzeugung werden sie jeden anleiten und beweisen, dass sie Recht hatten. Ihre Prinzipien bringen sie nie in Gefahr.

Sie sind in jeder Hinsicht vertrauenswürdig, man vertraut ihnen oft Geheimnisse an oder bittet sie um Rat. Sie sind freundlich, hilfsbereit und viel geduldiger als andere Pferde, ja, sie sind sogar die intelligentesten von allen. Wenn man sie drängt, werden sie verärgert sein.

Er ist diszipliniert und in der Lage, klar und ausdauernd zu denken, er ist sehr fröhlich und aktiv. Er ist nicht egoistisch und mag es nicht, andere zu missbrauchen.

Er ist extravagant und unsentimental, eliminiert bequem das Alte und öffnet fröhlich das Tor zum Neuen. Erstlingswerke erschüttern immer seine Intelligenz, und er hat keine Angst, ungewöhnlich zu sein.

Seine Pflichten stehen an erster Stelle. In einem energischen, erleuchteten und strahlenden Pferd, aber er muss mehr methodisch sein.

Feuerpferd

Feuerpferde sind großmütig, voller Tatendrang und haben das Potenzial, in der Kunstbranche führend zu sein.

Feuerpferde haben eine starre Haltung und nehmen aufgrund ihrer starrköpfigen Persönlichkeit selten Empfehlungen von anderen an. Sie können sich jedoch großen Konflikten stellen oder unter Druck stehen.

Das Feuerpferd ist ein Wirbelsturm, es ist großartig. Er ist ein ausgiebiger und hartnäckiger Schauspieler, sein Leben ist voll von gesellschaftlichen Zusammenkünften. In seiner Umgebung brennt das Leben immer, aber er hat genug Zeit und Willen für alles. Dieses Pferd ist ein Prediger, er kann in jedem Geschäft herrschen.

Er empfindet Empfehlungen als Rivalität und als Versuch, ihn aus dem Geschäft zu drängen. Viele bewundern das Feuerpferd für seinen positiven Charakter und seinen Sinn für Humor, aber

Eigenschaften wie Unhöflichkeit untergraben diese Meinung oft.

Das Pferd ist beeindruckend und ehrgeizig und verfügt über eine brillante Intelligenz und persönliche Ausstrahlung. Es versucht, das, was es sich wünscht, mit Willen und Zurückhaltung zu verändern. Er ist wagemutig und geht ohne Vorsicht auf seine Ziele zu.

Es ist ein sehr emotionales und jähzorniges Temperament. Das Feuerpferd ist bequem und leicht zu verwirren. Es ist kapriziös und hasst es, eintönige Aufgaben zu erledigen.

Erde Pferd

Erdpferde sind fröhlich, vernünftig und bereit, ihren Freunden zu helfen, daher sind sie immer von Freunden umgeben.

Sie sind sehr verantwortungsbewusst und mutig und werden oft als Chefs akzeptiert. Sie sind von Liebe umgeben, obwohl sie manchmal aufgrund ihres boshaften Charakters einige Fehler machen.

Das Erde Pferd arbeitet immer hart, um Erfolg zu haben, und das ist der Grund, warum es in der Regel sein ganzes Leben lang Wohlstand erlangt.

Ein Erde Pferd wird mehr als tausend Mal nachdenken, bevor es eine Entscheidung trifft.

Er mag keine Einsamkeit und findet es schwer, sich von seiner Familie zu trennen. Er hasst Routine, und wenn dies zufällig in seiner Beziehung passiert, wird sein Leben zur Hölle, was ihn in ernsthafte Schwierigkeiten bringt. Dennoch ist er großzügig und ehrlich. Er ist ein flexibler Elternteil und vernachlässigt oft seine Verantwortung.

Ihre Energie ist unendlich, sie arbeiten am liebsten auf eigene Faust, denn es fällt ihnen sehr schwer, Aufträge anzunehmen.

Vorhersagen 2024

Pferd

Obwohl 2024 ein Jahr sein wird, in dem Sie vorsichtig sein müssen, werden Sie Chancen haben, erfolgreich zu sein und Ihre Ziele zu erreichen. Sie werden einige Enttäuschungen erleiden oder in Missverständnisse verwickelt sein, die Sie schlecht aussehen lassen und Sie in unnötige Schwierigkeiten bringen können. Seien Sie immer vorsichtig mit Ihren Freundschaften, denn einige könnten Sie verraten.

In Ihrem Haus werden unterschiedliche Standpunkte und Kontroversen aufkommen, die Sie am besten schnell klären sollten. Sie werden einige schöne Ausflüge mit Ihren Lieben machen. Diese Umgebungswechsel werden dir guttun, denn sie erlauben dir, dich auszuruhen, Spaß zu haben und dich auf dein Leben zu konzentrieren.

Es ist ratsam, nicht enthusiastisch zu sein, wenn es um ein Geschäft geht, denn es könnte versteckte Probleme geben, die Sie überraschen werden. Das Jahr wird voller Hindernisse sein, aber wenn Sie sie lösen, sobald sie auftauchen, werden Sie mit Ihren ursprünglichen Plänen vorankommen.

Ihr Liebesleben wird, wenn Sie einen Partner haben, viel Hingabe und Geduld erfordern. Wenn Sie keinen Partner haben und eine neue Liebe auftaucht, nehmen Sie sich die Zeit, diese Person gründlich kennen zu lernen, bevor Sie ernsthafte Entscheidungen treffen. Machen Sie sich keine Illusionen, sonst werden Sie eine große Enttäuschung erleben.

Um neue Kenntnisse zu erwerben und sich zu verbessern, sollten Sie sich Zeit für Ihre intellektuelle Entwicklung nehmen. Sie werden eine Menge Arbeit und Herausforderungen zu bewältigen haben, und Sie werden sich neuen Verantwortlichkeiten stellen müssen, aber wenn Sie sich anstrengen, werden Sie Ihre großen

Fähigkeiten, Ihr Wissen und Ihre berufliche Solidität unter Beweis stellen. Das Ergebnis wird sein, dass Sie, obwohl es ein Jahr harter Arbeit sein wird, diese mit Entschlossenheit angehen und die Bewunderung der anderen verdienen werden.

Sie müssen auf Ihre Finanzen achten, da Sie unvorhergesehene Ausgaben haben werden. Versuchen Sie zu sparen und ein Budget zu haben, wenn Sie keine Probleme mit Ihren monatlichen Zahlungen haben wollen.

Es werden sich gute Beschäftigungsmöglichkeiten ergeben, aber es wird ein enger Kampf zwischen Ihnen und Ihren Kollegen sein. Denken Sie daran, dass Sie ein Kämpfer sind, lassen Sie sich nicht einschüchtern.

Ihre Gesundheit wird fantastisch sein, und wenn Sie Meditation und alles, was mit spirituellen Dingen zu tun hat, praktizieren, werden Sie sich großartig fühlen, lebendig und dynamisch, ruhig und ausgeglichen. Ihr Image wird sich verändern und Sie werden sich sehr attraktiv fühlen. Wenn Sie die Fähigkeit haben, sich gesund und ausgewogen zu ernähren, mit Obst und Gemüse, werden Sie eine eiserne Gesundheit haben. Es hängt alles von Ihrer Willenskraft ab.

Bei Ihren Kindern wird es sehr schwierig für Sie sein, die Grenze zwischen Autorität und Disziplin zu finden, Sie müssen Respekt auf positive Weise durchsetzen. Wenn Sie daran denken, im Jahr 2024 Vater oder Mutter zu werden, ist es besser, wenn Sie diese Idee aufgeben, denn im nächsten Jahr wird es Ihnen viel besser gehen und alles wird leicht fließen.

Kombination der Tierkreiszeichen mit dem chinesischen Horoskop

Wenn man östliche und westliche Horoskope kombiniert, ist es erstaunlich, wie sehr sie miteinander verbunden und genau sind.

Chinesische und westliche Horoskope sind die am häufigsten verwendeten Horoskope. Wenn Sie die Möglichkeit haben, sie gründlich zu verstehen, wird es für Sie einfacher sein, sie zu nutzen und einen zentralen Ansatz zu verfolgen.

Beide Horoskope basieren auf der Position der Sterne, aber im chinesischen Horoskop werden 28 Sternbilder verwendet, im westlichen Horoskop 88. Das chinesische Horoskop basiert auf 12 Tieren, die jedes Jahr regieren, und das westliche Horoskop basiert auf 12 Zeichen, die jeden Monat regieren.

Das chinesische Horoskop basiert auf dem Mondkalender und ist das älteste bis heute bekanntes Horoskop. Ihr Sternzeichen stimmt wahrscheinlich mit Ihrem Zeichen im chinesischen Horoskop überein, aber das kommt nicht oft vor. Wenn das der Fall wäre, wären die Vorhersagen genauer.

Zwischen den Zeichen beider Horoskope besteht eine Gleichwertigkeit:

Widder/Drache, Stier/Schlange, Zwillinge/Pferd, Krebs/Ziege, Löwe/Affe, Jungfrau/Wildschwein, Waage/Hund, Skorpion/Schwein, Schütze/Ratte, Steinbock/Steinbock, Wassermann/Tiger und Fische/Kaninchen.

Kombinationen

Pferd

Widder / Pferd

Diese Menschen haben eine unbändige Energie, und sie sind sehr neugierig. Diese Kombination belebt die Eigenschaften der beiden Zeichen. Das Zeichen Widder ist stur und hartnäckig. Es ist ein Pferd mit einem unkontrollierbaren Temperament.

Dies ist eine emotionale Person, aber keine Angst vor Veränderungen, im Gegenteil, immer nutzt jeden Umstand, um drastisch verändern sein Leben.

Stier/Pferd

Diese Person kümmert sich um nichts im Leben, sondern nur darum, Leiden zu vermeiden und seinen eigenen Weg zu gehen. Er ist nicht daran interessiert, die Welt zu verändern und zu zeigen, dass er einzigartige Qualitäten hat.

Er ist ein Mensch mit starkem Temperament, weiß, was er braucht und was er vom Leben will, und plant, es mit großer Ruhe und Gelassenheit zu erreichen. Er ist stur und unnachgiebig und fürchtet nichts, weil er keine Schwächen hat. Er ist ein edler und sensibler Mensch, der mit der Rüstung der Tempelritter bekleidet ist.

Zwillinge /Pferd

Es sind schnelle Menschen, voller Ideen und Pläne. Sie zeichnen sich durch ihre unberechenbare Persönlichkeit aus, da sie leicht ihre Meinung ändern.

Sie langweilen sich nie, weil sie meist von Freunden umgeben sind. Es ist illusorisch, ihre Stimmungen zu prophezeien oder die Beweggründe für ihr Handeln zu verstehen.

Krebs/Pferd

Diese Menschen sind bescheiden, sensibel und verlassen sich stark auf das Urteil anderer. Der Krebs ist von Natur aus ein zurückhaltendes Zeichen, aber unter der Herrschaft des Pferdes werden sie selbstbewusst.

Diese Menschen verfügen über eine harmonisch ausgeglichene Persönlichkeit, die ihnen Selbstbeherrschung und die Fähigkeit verleiht, die negativen Ausprägungen ihrer Natur zu beherrschen.

Löwe/Pferd

Diese Menschen stecken andere mit ihrem Optimismus an, weil sie das Leben in all seinen Erscheinungsformen lieben. Sie wissen nicht, wie

man traurig sein kann und denken in jeder
Situation positiv.

Er zweifelt nie an einer Person und setzt alles
daran, die Wünsche seiner Familie und Freunde
zu erfüllen. Sie versuchen, logisch zu denken,
schließen aber den Einfluss von Gefühlen nicht
aus. Manchmal werden sie mit Rückschlägen
konfrontiert, aber diese Umstände haben keinen
Einfluss auf ihre Laune.

Jungfrau/Pferd
Diese Menschen sind verführerisch und positiv.
Ihr Temperament ist ausgeglichen, sie sind aktiv
und energiegeladen. Die Verbindung dieser
beiden Zeichen ist sehr fruchtbar, weil sie diese
Menschen mit Optimismus ausstattet.

Sie verstehen es, das Leben zu genießen, und
zeichnen sich durch ihre Freude aus. Sie sind
immer bestrebt, sich weiterzuentwickeln und
neues Wissen zu erwerben. Sie sind in der Regel
erfolgreich, wo immer sie hingehen.

Waage/Pferd

Diese Kombination ergibt fröhliche Menschen mit einem sehr umgänglichen Temperament. Sie mögen es nicht, allein zu sein, und finden leicht Freunde. Sie haben eine Menge Selbstbeherrschung, ihre Mentalität ist sehr entwickelt und andere Menschen verzeihen ihnen leicht. Wenn sie ihre negative Seite zeigen, können sie narzisstisch sein oder schlechte Laune haben.

Skorpion/Pferd

Es ist sehr schwierig, mit diesem Menschen umzugehen, weil er starrköpfig ist. Er ist ein leidenschaftlicher Mensch, hat keine Angst vor Konflikten und ist sehr selbstbewusst. Manchmal ist er sehr egoistisch und verhält sich wie ein Kind, wenn er ein Spielzeug nicht bekommt.

Sie nehmen den Schmerz der anderen wahr und neigen dazu, sie zu meiden, wenn diese Menschen ihnen nahestehen.

Schütze/Pferd

Dieser Mensch hat eine einzigartige Naivität, er ist sehr glücklich und genießt jeden Augenblick. Er lebt im Hier und Jetzt.

Er ist sehr optimistisch und ein Träumer. Er verabscheut Langeweile, er ist wie ein Kind, das ausdauernd und inkognito alles lernen will. In seinem Leben kann es nichts Unveränderliches geben, alles muss sich in einem Kreislauf der Veränderung entfalten, sei es eine Veränderung des Familienstandes, der Arbeit oder der Wohnung.

Steinbock/Pferd

Diese Menschen sind realistisch und furchtlos. Diese Menschen planen ihre Zukunft sorgfältig,

sie sind zäh, haben ein hohes
Kreativitätspotenzial und denken viel nach.

Sie erreichen alles, was sie sich vorgenommen
haben, und ihre gesellige Art ist in ihrem
Familienkreis sehr einflussreich. Er ist
aufgeschlossen, und die Menschen erzählen ihm
ihre Probleme, weil sie fast immer einen
angemessenen Rat erhalten.

Wassermann/Pferd

Dieser Mensch ist ausdauernd und zum Erfolg
geboren. Er ist sehr neugierig und kann Faulheit
nicht ausstehen. Sein Leben ist in ständiger
Veränderung und aus diesem Grund wird er
manchmal ein wenig wütend. Das
unberechenbare Pferd unterstreicht Wassermann-
Eigenschaften wie Freude und Unruhe. Diese
Menschen sind immer in Eile und haben Angst,
dass ihnen die Zeit davonläuft und sie nicht alles
zu Ende bringen können, was sie sich
vorgenommen haben. Er ist fest von seinem Sieg
überzeugt, er zeichnet sich durch seine Fantasie
aus.

Fische/Pferd

Diese Menschen sind unkompliziert und gewinnen leicht die Sympathie aller, denen sie begegnen. Sie sind für ihren freundlichen Charakter bekannt und finden leicht Freunde.

Sie sind lustig und können sich in den Schmerz anderer einfühlen. Sie sind immer bereit, jeden zu unterstützen, auch diejenigen, die sie nicht kennen.

Dekorieren Sie Ihr Zuhause nach Feng-Shui

Feng Shu ist eine chinesische Philosophie, die sich mit der Umwelt befasst und auf der Theorie von Yin und Yang und den fünf Elementen basiert.

Experten haben gezeigt, dass im alten China regelmäßig Gebiete gewählt wurden, die von Bergen umgeben sind und einen Fluss haben. Dies lag nicht nur daran, dass diese Gebiete die wichtigsten Kriterien für das Überleben darstellten, sondern auch daran, dass sie den vom Feng-Shui festgelegten Mustern entsprachen.

Die Hauptidee des Feng-Shui ist es, ein Gleichgewicht zwischen dem Menschen und dem Universum herzustellen. Wenn es gute Energien gibt, gibt es ein Gleichgewicht, da Feng-Shui das Schicksal eines jeden Menschen beeinflusst.

Durch das Studium des Feng-Shui können die Menschen an ihrer Kompatibilität mit der Natur, ihrer Umgebung und ihrem Leben arbeiten, um mehr Wohlstand und Gesundheit im Leben zu erreichen.

Theorie der fünf Elemente

Die Theorie der fünf Elemente ist ein Bestandteil des Feng-Shui. Diese Elemente sind wichtig, um das richtige Feng-Shui für einen bestimmten Raum zu bestimmen. Diese Elemente sind: Feuer, Erde, Metall, Wasser und Holz, und jedes hat eine Besonderheit, die bestimmte Aspekte des Lebens symbolisiert.

Die Fünf Elemente sind der Ausdruck, der im Feng-Shui verwendet wird, um die Struktur der Natur zu erklären, und diese Elemente wirken zusammen und müssen immer ausgeglichen sein.

Feng-Shui für die zwölf Zeichen des chinesischen Horoskops

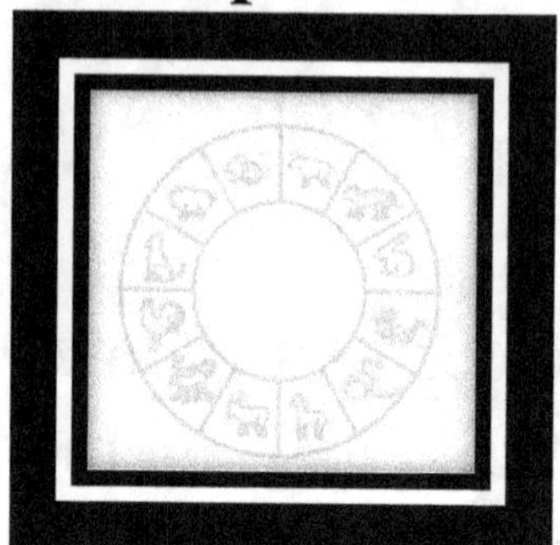

Das Zeichen der Ratte

Wasser begünstigt Menschen, die unter dem Zeichen der Ratte geboren sind, es hilft ihnen, Wohlstand zu erlangen. Um Fülle zu erhalten, sollten sie ein Goldfischbecken in den nördlichen Teil ihres Büros stellen.

Das Zeichen des Ochsen

Menschen dieses Zeichens werden Wohlstand erreichen, wenn sie das Element Feuer nutzen. Um dies zu erreichen, sollten sie Porzellan- oder

Keramikartikel in ihren Geschäften oder Büros und in ihren Häusern aufstellen.

Das Zeichen des Tigers

Das Erdelement ist dasjenige, das Personen, die dem Zeichen des Tigers angehören, verwenden sollten. Sie sollten etwas Relevantes hinzufügen, dass dieses Erdelement symbolisiert. Eine Topfpflanze oder eine natürlich wachsende Blume kann Wohlstand in ihr Leben bringen.

Kaninchen Zeichen

Um Glück und Fülle anzuziehen, brauchen Menschen mit dem Zeichen Hase ein geheimes Erdelement in ihrem Leben. Sie sollten eine Jade oder einen Citrin-Quarz im nordöstlichen Teil Ihres Hauses oder Büros verstecken.

Drachen-Zeichen

Der Nordwesten ist hervorragend für diejenigen, die im Zeichen des Drachen geboren sind. In diese Richtung sollten sie eine Schale mit klarem Wasser, vermischt mit ein wenig Erde, stellen. Eine andere Möglichkeit ist, eine Lotusblume in eine Schale zu legen.

Das Zeichen der Schlange

Menschen, die dem Zeichen der Schlange angehören, werden zu Wohlstand kommen, wenn sie Metallgegenstände, insbesondere Gold und Silber, in ihrem Haus oder Büro verwenden.

Das Zeichen des Pferdes

Der Nordwesten ist die empfohlene Position für Menschen mit dem Zeichen des Pferdes, um ein großes Kapital zu erhalten. Sie sollten einen Metallfrosch im Nordwesten ihres Hauses oder Geschäfts platzieren.

Das Zeichen der Ziege

Norden ist die geeignete Himmelsrichtung für Menschen, die im Zeichen der Ziege geboren sind. Sie sollten eine kleine Holzkiste oder einen anderen hölzernen Gegenstand im Norden ihres Büros oder ihrer Wohnung aufstellen.

Wenn sie eine Holzkiste verwenden, sollten sie einen Gegenstand, der mit ihrem Beruf zu tun hat, in die Kiste legen. Ein Schriftsteller kann zum Beispiel einen Bleistift in die Kiste legen.

Affe Zeichen

Damit Wohlstand in das Leben von Menschen kommt, die im Zeichen des Affen geboren sind, sollten sie eine Pflanze in ihrer Größe oder größer in dieser Himmelsrichtung auf der Westseite des Hauses oder des Unternehmens aufstellen.

Hahn Zeichen

Wer dem Sternzeichen Hahn angehört, hat Glück,
wenn er einige Samen in ein Glas, eine Flasche
oder eine Schale von dunkelroter Farbe legt. Sie
sollten kein Metall verwenden.

Hundeschild

Menschen, die dem Zeichen des Hundes
angehören, sollten in ihrem Leben auf die
Elemente Wasser und Erde verzichten. Sie
können Baumstämme oder Pflanzenzweige in ihr
Büro oder ihre Wohnung stellen, aber sie können
sie nicht in Wasser oder Erde stellen.

Das Zeichen des Schweins

Menschen, die im Zeichen des Schweins geboren
sind, brauchen das Element Feuer in ihrem
Leben, um Glück zu haben. Sie können ein
Keramiktablett oder andere Gegenstände aus Ton
in ihrem Haus aufstellen.

Feng Shui 2024

Im Jahr des Drachen sollten Sie Perlenarmbänder oder Armreifen tragen.

Sie sollten ein Amulett mit einer Drachenfigur oder ein Feng-Shui-Glücks-Windspiel mit Kristallen aufstellen und es im Südosten Ihres Hauses oder im Familienbereich Ihres Schlafzimmers oder Büros platzieren.

Vergessen Sie nicht, Ihre Wohnung mit Grünpflanzen, natürlichen Blumen in verschiedenen Farben, Fotos, Bildern oder Darstellungen zu dekorieren, die Landschaften und Gärten charakterisieren.

Sie sollten auch hölzerne Dekorationen verwenden und keine Fotos von verstorbenen

Familienmitgliedern neben den aktuellen Familienfotos aufstellen, da die Schwingung dieser Fotos schmerzhaft ist und Ihnen Energie raubt.

Das chinesische Neujahrsfest hat viele Traditionen, um das Alte zu verabschieden und Platz für das Neue zu schaffen. Eine Tradition, die wir empfehlen, ist, am ersten Tag des chinesischen Mondneujahrs nicht in der heimischen Küche zu kochen, da es Unglück bringt, scharfe Instrumente wie Messer herauszunehmen. Dies kann das Glück für den Rest des Jahres schmälern.

Die ersten 15 Tage des chinesischen Neujahrsfestes werden gefeiert, und obwohl es stimmt, dass uns manchmal die Zeit dazu fehlt, ist es ratsam, im Voraus Vorbereitungen zu treffen.

Wenn Sie es schaffen, im Voraus vorbereitet zu sein, wird dies Ihnen helfen, Wohlstand anzuziehen. In diesem Jahr sollten Sie zwei Tage vor dem chinesischen Neujahrsfest, also am

Donnerstag, den 8. Februar 2024, mit einer gründlichen Reinigung Ihres Hauses beginnen. Vergessen Sie nicht, dass es Unglück bringt, am ersten Tag des neuen Jahres zu putzen, weil Sie damit Ihr ganzes Glück aus der Haustür fegen würden.

Am Abend vor dem chinesischen Neujahrsfest, am Freitag, dem 9. Februar 2024, sollten Sie alle Ihre Ziele für das Jahr planen und aufschreiben, falls Sie das nicht schon am 1. Januar getan haben.

Schreiben Sie nach dem Neumond am Freitag, den 09.02.2024 um 17:58 Uhr EST absolut alle Ihre Wünsche auf. Welche Ziele wollen Sie in Ihrem Berufsleben, in Ihrem Finanzbereich, in Ihrem Liebesleben und in Ihrem Familienleben erreichen? Schreiben Sie eine Liste für jeden Bereich Ihres Lebens, den Sie verbessern möchten.

Wenn du eine Holztruhe kaufen kannst, wäre das ideal, denn darin kannst du deinen Wunschzettel zusammen mit einem Pyrit quarz und einem

Citrin aufbewahren, die als Steine bekannt sind, die Wohlstand und Fülle anziehen. In die Truhe sollten Sie drei chinesische Münzen legen, denn sie sind traditionelle Symbole des Überflusses.

Alles, was Sie in diese Truhe legen, wird Ihre Wünsche schützen und die Wohlstandsenergien verstärken. Sie sollten diese Truhe an einem besonderen und sicheren Ort aufbewahren, am besten an einem hoch gelegenen Ort, denn so können Sie positive Energien von einer prominenten Stelle aus anziehen.

Vergiss nicht, neue Kleidung zu tragen, denn sie steht für die neuen Energien, die du in dein Leben ziehen willst. Du solltest einige rote Details tragen.

Besonders am Neujahrstag sollten Sie versuchen, sich nicht aufzuregen. Wenn möglich, nehmen Sie sich an diesem Tag frei, damit Sie sich nicht mit dem Verkehr oder anderen Sorgen herumschlagen müssen. Denken Sie daran, auf dem Markt eine Tüte Orangen zu kaufen, denn

das symbolisiert den Eintritt von Wohlstand in
Ihr Haus im neuen Jahr.

Tipps für das Jahr 2024

Dies ist ein spektakuläres Jahr für Ihr persönliches Wachstum, deshalb sollten Sie die sich bietenden Gelegenheiten nutzen und nicht nur Ihre Fähigkeiten ausbauen, sondern auch neue erlernen.

Alles, was Sie in diesem Jahr 2024 tun, wird eine Investition in Ihre Zukunft sein. Es wird ein sehr arbeitsreiches Jahr sein, aber die Energien sind ermutigend, denn das Jahr des Drachen wird Ihnen die Gelegenheit geben, die Sie für Ihren Erfolg brauchen. Um davon zu profitieren, müssen Sie sich jedoch über alle Optionen, die Ihnen zur Verfügung stehen, beraten lassen und alle Möglichkeiten analysieren.

Sie müssen aufmerksam sein und bereit, sich alle Ratschläge und Hilfen anzuhören. Mit Willenskraft und Initiative werden sich neue Türen für Sie öffnen.

In diesem Jahr des Drachen gibt es viel zu lernen, aber wenn Sie die Herausforderung annehmen, können Sie nicht nur in Ihrem Beruf vorankommen und Ihr Einkommen steigern, sondern auch wertvolle Erfahrungen sammeln.

Im Jahr des Drachen werden Sie sich nicht nur an größeren finanziellen Gewinnen erfreuen, sondern mit Ihrer unternehmerischen Natur auch ein Hobby finden, das Ihnen Wohlbefinden bringt.

Allerdings müssen Sie bei Ihren Ausgaben diszipliniert und sorgfältig haushalten, vor allem, wenn Sie an sehr umfangreichen Transaktionen beteiligt sind.

Wenn Sie im Laufe des Jahres Verträge unterzeichnen oder wichtige Vereinbarungen treffen müssen, sollten Sie die Bedingungen und alle Auswirkungen prüfen.

Um Höchstleistungen zu erbringen, sollten Sie einen ausgewogenen Lebensstil pflegen, Sport treiben, Ihren Schlafrhythmus einhalten und sich gesund ernähren. Es wird für Sie von Vorteil sein, neue Freunde zu finden.

Im Jahr des Drachen kann das Leben geheimnisvoll wirken und zufällige Ereignisse anziehen, die Ihnen viele Möglichkeiten eröffnen. Der Zufall spielt in diesem Jahr eine wichtige Rolle in deinem Leben und verändert deine wirtschaftliche Situation. Ab Mai wird es eine Menge sozialer Aktivitäten geben, und Sie werden eine Menge Spaß haben können.

Es wird ein lohnendes Jahr, in dem es Entscheidungen zu treffen, Anschaffungen zu tätigen und Vergnügungen zu genießen gilt.

Diejenigen, die einen Partner haben, werden feststellen, dass sie gemeinsam mehr Erfolg haben.

Es ist ein Jahr, in dem die Fähigkeit, Gelegenheiten wahrzunehmen, viele Vorteile bringen wird. Das Jahr des Drachen hat großes

Potenzial, also bleiben Sie offen für
Gelegenheiten und seien Sie auf Veränderungen
und Anpassungen vorbereitet. Das Jahr des
Drachen wird Unternehmer belohnen.

Am selben Abend, vor dem Jahreswechsel, sollten Sie Ihr Haus reinigen, alle Fenster zum Lüften öffnen und weiße und gelbe Blumen in allen Gemeinschaftsbereichen Ihres Hauses aufstellen. Speziell am Eingang sollten Sie Räucherstäbchen aus Zimt, Sandelholz, Eukalyptus oder Lavendel oder ein Räucherstäbchen aus Palo Santo, weißem Salbei oder Vanille aufstellen.

Sie müssen das Haus gut räuchern. Unter Räuchern versteht man die Erzeugung von Rauch, im Allgemeinen mit Hilfe von Weihrauch, um die Umgebung zu aromatisieren und als Instrument der Reinigung und Säuberung zu nutzen. Die Besonderheit besteht darin, dass sie einen angenehmen Duft verströmen, dem entspannende Eigenschaften zugeschrieben werden. Viele Menschen benutzen Räucherstäbchen, um die energetischen Schwingungen ihrer Wohnung zu verändern.

Wenn Sie eine Räucherung haben, die Sie im ganzen Haus verteilen, denken Sie daran, kreisende Bewegungen nach rechts zu machen. Wenn ihr einen persönlichen Bereich reinigen wollt, solltet ihr mit eurem eigenen Körper beginnen, von den Füßen bis zum Kopf, und dann zum Herzen zurückkehren, wobei ihr immer leichte Kreise macht.

Da dies das Jahr des Hasen ist, ist es ratsam, ein paar Metall- oder Holzhasen im Haus zu haben, und wenn Sie die Möglichkeit haben, auch ein paar Glaskaninchen, da sie das Element des Jahres repräsentieren: Wasser.

Wenn Sie diese Möglichkeit nicht haben, können Sie ihn mit Bildern, Porträts oder Figuren symbolisieren. Betrachten Sie ihn als Glücksbringer, denn schließlich ist das Kaninchen bestrebt, den Wohlstand zu sichern. Er wird viel Reichtum in dein Haus bringen.

Eine weitere Empfehlung für 2024 ist es, einige Wände in Ihrem Haus in Himmelblau zu streichen. Diese Farbe ist eine der Wohlstandsfarben für dieses neue Jahr. Seien Sie vorsichtig damit, Ihr Zuhause mit Blau zu überladen, Sie sollten nie vergessen, dass Ausgewogenheit das Wichtigste ist. Wenn Sie es mit Blau übertreiben, werden Sie Entmutigung oder Apathie anziehen.

Eine weitere Alternative oder Option ist es, es mit Ihnen zu tragen, in Form eines Armbands, baumelnden Ohrringen, Pendeln, Schläfern, an einem Ring, Schlüsselanhänger oder einem Talisman in Ihrer Tasche oder Handtasche. Wenn Sie sowohl das Kaninchen als auch das Wasser haben, wird dies eine Assoziation von Reichtum, Schutz und Glück in Ihrem Leben, Haus oder Büro bilden. Denken Sie immer daran, dass alles von Beständigkeit und Anstrengung begleitet wird.

Wenn Sie einige Pflanzen wie Basilikum kaufen können, die eine große Fähigkeit haben, Fülle zu erzeugen, neben ihrer Kraft, schlechte Schwingungen zu vertreiben und umzuwandeln, werden Sie es nicht bereuen. Jasmin wäre eine weitere gute Option, Ihr Haus wird immer duften und gute Schwingungen haben. Sie sollten

frischen Jasmin in Ihrem Haus haben, wann
immer Sie die Möglichkeit dazu haben, aber das
Wichtigste ist, dass der erste Tag des
chinesischen Jahres in irgendeiner Ecke Ihres
Hauses ist.

Rituale zum Beginn des chinesischen Neujahrs 2024

Das chinesische Neujahrsfest sollte mit Freude, Musik und einem üppigen Familienessen begrüßt werden. Es ist eine Zeit, in der man feiert und sich auf Glück und Wohlstand für das kommende Jahr konzentriert.

Sie sollten neue Kleidung **tragen**, denn dies symbolisiert einen Neuanfang.

Eine klangvolle Farbe wie Rot, die im Allgemeinen für Harmonie, Glück und Wohlbefinden steht, eignet sich hervorragend für diesen Tag.

Vermeiden Sie es, Weiß oder Schwarz zu tragen, während Sie auf das neue Jahr warten, da dies die Farben sind, die man normalerweise zu Beerdigungen trägt.

Eine Reinigung als Vorbereitung auf das chinesische Neujahrsfest in Form eines Rituals ist sehr nützlich.

Diese Reinigung soll böse Geister abwehren, die sich vielleicht in den Ecken des Hauses verstecken.

In der Regel tauschen die Menschen Möbel aus oder stellen sie um, bessern die Farbe in ihrer Wohnung aus, reparieren Schäden und waschen die Fenster mit viel Wasser.

Energetische Rituale zur Reinigung

Noch am selben Abend, bevor das neue Jahr beginnt, sollten Sie Ihr Haus putzen, alle Fenster zum Lüften öffnen und weiße und rote Blumen in allen Gemeinschaftsräumen Ihres Hauses aufstellen.

Speziell am Eingang sollten Sie Zimt, Sandelholz, Eukalyptus oder Lavendel räuchern oder Lorbeerblätter verbrennen. Lorbeer ist eine Pflanze, die die Fähigkeit hat, zu schützen, zu reinigen und zu heilen. Eine weitere Möglichkeit, positive Energien in Ihr Haus zu holen, ist die Kombination von Zimt und Lorbeerblättern. Verbrennen Sie Lorbeerblätter und bestreuen Sie sie mit Zimtpulver. Wenn diese Mischung angezündet ist, verteilen Sie den Rauch in den Räumen Ihres Hauses.

Sie müssen das Haus gut räuchern. Sahumar ist die Erzeugung von Rauch, in der Regel mit Hilfe von Weihrauch, um die Umgebung zu aromatisieren und als Instrument der Reinigung und Entschlackung zu nutzen.

Ihre Besonderheit ist, dass sie einen angenehmen Duft verströmen, dem eine entspannende Wirkung nachgesagt wird.

Viele Menschen verwenden Räucherstäbchen, um die energetischen Schwingungen in ihrem Haus zu verändern.

Wenn Sie ein Räucherstäbchen haben, das Sie im Haus herumreichen, denken Sie daran, kreisende Bewegungen nach rechts zu machen.

Wenn Sie einen persönlichen Bereich reinigen wollen, sollten Sie mit Ihrem eigenen Körper beginnen, von den Füßen bis zum Kopf, und dann zum Herzen zurückkehren, wobei Sie immer leichte Kreise ziehen.

Da dies das Jahr des Grünen Holzdrachen ist, ist es ratsam, ein Paar Holzdrachen in Ihrem Haus zu haben. Wenn Sie diese Möglichkeit nicht haben, können Sie sie mit Bildern, Porträts oder Figuren symbolisieren.

Eine weitere Empfehlung für das Jahr 2024 ist es, einige Wände Ihres Hauses grün zu streichen.

Diese Farbe symbolisiert Wohlstand für dieses Jahr. Übersättigen Sie Ihr Haus nicht mit Grün, denken Sie daran, das Gleichgewicht zu halten. Wenn Sie es mit Grün übertreiben, werden Sie Stress in Ihr Leben ziehen.

Eine Möglichkeit oder Option ist es, es mit Ihnen zu tragen, als Armband, Anhänger Ohrringe, Pendel, Schläfer, auf einem Ring, Schlüsselanhänger oder Talisman in der Tasche oder Handtasche, wird dies eine Assoziation von Reichtum, Schutz und viel Glück in Ihrem Leben, zu Hause oder im Büro zu bilden.

Wenn Sie einige Pflanzen wie Lavendel, Raute oder die Geldpflanze kaufen können, die die Fähigkeit haben, Fülle zu erzeugen, zusätzlich zu ihrer Kraft, schlechte Schwingungen zu vertreiben und umzuwandeln, werden Sie es nicht bereuen.

Da Wasser das Element ist, das das Holz ergänzt, wird ein Wasserbrunnen am Eingang Ihres Hauses Wohlstand anziehen. Vergessen Sie nicht, dass das Wasser nach innen fließen sollte.

Das Aufstellen eines Wasserbrunnens im Wohlstandsbereich Ihres Hauses, auf der linken Seite, auf der Rückseite, von der Eingangstür aus gesehen, wird Ihnen viele materielle Vorteile bringen.

Zusammen mit Grün ist Rot die Glücksfarbe für dieses Jahr 2024, du solltest sie in deinem Haus verwenden, um die Energien des Glücks zu aktivieren. Sie können Rot auf Ihrer Kleidung tragen, oder mit einem anderen Kleidungsstück wie einem Schal, einer Mütze oder einem Armband, so dass Sie Geld anziehen können.

Das chinesische Neujahrsfest sollte mit Freude, Musik und einem üppigen Familienessen begrüßt werden. Es ist eine Zeit des Feierns, in der man sich auf Glück und Wohlstand für das kommende Jahr konzentriert. **Man sollte** neue Kleidung tragen, denn sie symbolisiert einen Neuanfang.

Eine klangvolle Farbe wie Rot, die im Allgemeinen für Harmonie, Glück und Wohlbefinden steht, eignet sich hervorragend für diesen Tag.

Vermeiden Sie es, Weiß oder Schwarz zu tragen, während Sie auf das neue Jahr warten, da dies die Farben sind, die man normalerweise zu Beerdigungen trägt.

Eine Reinigung als Vorbereitung auf das chinesische Neujahrsfest in Form eines Rituals ist sehr nützlich. Diese Reinigung soll böse Geister abwehren, die sich vielleicht in den Ecken des Hauses verstecken.

Normalerweise tauschen die Menschen Möbel aus oder stellen sie um, bessern die Farbe in ihrer Wohnung aus, reparieren Schäden und waschen die Fenster mit viel Wasser.

Über den Autor

Neben ihrem astrologischen Wissen verfügt Alina Rubi über eine reichhaltige berufliche Ausbildung; Sie hat Zertifizierungen in Psychologie, Hypnose, Reiki, Bioenergetischer Kristallheilung, Engelsheilung, Traumdeutung und ist spirituelle Lehrerin. Sie verfügt über Kenntnisse der Gemmologie, die sie nutzt, um Steine oder Mineralien in mächtige Amulette oder Talismane des Schutzes zu programmieren.

Rubi hat einen praktischen und zielgerichteten Charakter, der es ihm ermöglicht hat, eine besondere und integrierende Vision von mehreren Welten zu haben und Lösungen für spezifische Probleme zu erleichtern. Alina schreibt die Monatshoroskope für die Website der American Association of Astrologers; Sie können sie auf der Website www.astrologers.com nachlesen. Jetzt schreibt er eine wöchentliche Kolumne in der Zeitung El Nuevo Herald zu spirituellen Themen, die jeden Freitag in digitaler

Form und montags in gedruckter Form erscheint. Er hat auch eine Sendung und das Wochenhoroskop auf dem YouTube-Kanal dieser Zeitung. Sein astrologisches Jahrbuch erscheint jedes Jahr in der Zeitung "Diario las Américas" unter der Rubrik Rubi Astrologa.

Rubi hat mehrere Artikel über Astrologie für die monatliche Publikation "Today's Astrologer" verfasst und Kurse in Astrologie, Tarot, Handlesen, Kristallheilung und Esoterik gegeben. Er hat ein wöchentliches Video zu Astrologie-Themen auf dem YouTube-Kanal von Nuevo Herald. Sie hatte ihre eigene Astrologie-Sendung, die täglich über Flamingo TV ausgestrahlt wurde, wurde von mehreren Fernseh- und Radioprogrammen interviewt, und jedes Jahr wird ihr "Astrologisches Jahrbuch" mit dem Horoskop und anderen interessanten mystischen Themen veröffentlicht.

Sie ist Autorin der Bücher "Reis und Bohnen für die Seele" Teil I, II und III, eine Zusammenstellung von esoterischen Artikeln, die auf Englisch und Spanisch veröffentlicht wurden, "Geld für alle Taschen", "Liebe für alle Herzen", "Gesundheit für alle Körper", Astrologisches Jahrbuch 2021, Horoskop 2022, Rituale und Zaubersprüche für den Erfolg im Jahr 2022, Zaubersprüche und Geheimnisse, Astrologie, Die Kurse "Rituale & Amulette" 2024 und "Chinesisches Horoskop 2024" sind in sieben Sprachen verfügbar.

Er hat seinen YouTube-Kanal mit Themen wie Psychologie, Esoterik und Astrologie, auf dem Sie Videos über Seelenverwandte, Reinkarnation, Körpersprache, Astralreisen, den bösen Blick, Zaubersprüche und viele weitere Themen genießen können.

Rubi spricht perfekt Englisch und Spanisch und kombiniert all ihre Talente und ihr Wissen in ihren Lesungen.

Derzeit lebt er in Miami, Florida.

Weitere Informationen finden Sie auf der Website www.esoterismomagia.com.

Angeline A. Rubi ist die Tochter von Alina Rubi. Seit ihrer Kindheit interessierte sie sich für alle esoterischen Themen und praktiziert seit ihrem vierten Lebensjahr Astrologie und Kabbala. Er verfügt über Kenntnisse in Tarot, Reiki und Gemmologie. Sie ist nicht nur die Autorin, sondern auch die Herausgeberin aller Bücher, die von ihr und ihrer Mutter veröffentlicht wurden.

Für weitere Informationen können Sie sie per E-Mail kontaktieren: rubiediciones29@gmail.com